AF613439

EXAMEN
ET
REFUTATION

DE QUELQUES OPINIONS,

ſur les cauſes de la réflexion & de la réfraction de la Lumiere, répanduës dans l'Ouvrage de M. Bannieres, contre *la Philoſophie de Newton*, par M. de Voltaire.

Par M. LE RATZ DE LANTHENÉE.

Avec un Eſſai ſur l'Impulſion appliquée aux Phénomenes de la Lumiere & à quelques autres attribués à l'attraction.

A PARIS,

Chez CHAUBERT, à l'entrée du Quai des Auguſtins, du côté du Pont Saint Michel, à la Renommée & à la Prudence.

M. DCC. XXXIX.

Avec Approbation & Privilege.

EXAMEN ET REFUTATION

DE QUELQUES OPINIONS, ſur les cauſes de la réflexion & de la réfraction de la lumiere, répanduës dans l'Ouvrage de M. Bannieres, contre *la Philoſophie de Newton*, par M. de Voltaire.

JE me propoſe dans cet Ecrit d'éxaminer, ſi les idées nouvelles, ſur la réflexion & la réfraction de la lumiere, que M. Bannieres a répanduës dans ſon Ouvrage contre le Livre de M. de Voltaire ſont juſtes. Il a recours à une athmoſphere, dont il ſuppoſe tous les corps enveloppés, & c'eſt ce qui produit, ſelon lui, la réflexion & la réfraction. Je vais expoſer les incompatibilités, que je crois voir dans ſon ſyſtême, avec ce que l'expérience nous donne évidemment pour vrai.

Le P. Fabri, dit M. Bannieres, M. Newton & le P. Malebranche * ont reconnu & tous les Phyſiciens reconnoiſſent aujourd'hui, que ce ne ſont pas les parties ſolides & groſſieres des corps qui réflechiſſent la lumiére. La raiſon, dit-il, en eſt très-ſimple. Car ſi ces parties groſſieres la réflechiſſoient, elle ne ſe réflechiroit pas régulierement & conſtamment ſous un angle égal à l'angle d'incidence lorſqu'elle donne obliquement ſur un miroir plan; * puiſque ce miroir qui nous paroît, à la ſimple vûë, d'un poli parfait, eſt au contraire une ſurface très-inégale, ſillonée, remplie de monticules & d'inégalités, incapable, par conſéquent, de réflechir la lumiére d'une maniere conſtante & réguliere.

* Préface pag. 10.

* Chap. 2. pag. 60.

Ce raiſonnement prouve inconteſtablement que la lumiére n'eſt pas réflechie des parties ſolides des corps. Il eſt auſſi démontré qu'elle n'eſt pas réflechie du vuide; cependant l'experience fait voir qu'elle ſe réflechit régulierement de certains corps, qui, quoi qu'unis en apparence, ſont en efſet très-raboteux. Quelle eſt donc la cauſe de cette réflexion conſtante ?

M. Bannieres nous aſſigne cette cauſe dans une athmoſphere, dans un fluide composé des particules d'une lumiére qui pénétre tous les corps, qui leur eſt une eſpéce de vernis, & qui leur ſert, en quelque ſorte, d'enveloppe. C'eſt cette athmoſphere, dit-il, ce fluide lumineux, qui ſe trouve engagé entre les parties des mixtes qui réflechit la lumiére. Mais on n'apperçoit pas trop qu'un fluide, dont les parties ſont extrêmement déliées, puiſſe ſervir de vernis à un corps, & ne prenne point exactement ſa figure extérieure ; or s'il en prend la figure, qu'il s'y ajuſte, qu'il y ſoit adherent, & qu'il le touche exactement, ce corps ne doit pas être moins raboteux, moins ſillonné avec ſon athmoſphere, que ſans elle. Ainſi le raiſonnement de M. Bannieres, pour prouver que les parties ſolides & groſſieres des corps ne réflechiſſent pas la lumiére, ſubſiſte dans ſon entier à l'égard des corps revêtus de leur athmoſphere ; puiſque dans l'un & l'autre cas ces corps ſont également raboteux, & par conſéquent également incapables d'une réflexion réguliere & conſtante.

Il en eſt de ces corps revêtus de leur athmoſphere, à peu près comme d'une toile ſur laquelle un Peintre applique une couche de couleur extrêmement légere : cette couleur, dont les parties néanmoins sont infiniment moins deliées que celles de l'athmosphere en question, ne rend pas la toile plus unie ; y étant appliquée également, elle en laisse appercevoir les fils, au moins leur figure & leur grosseur. Dites-en autant d'un corps quelconque, & de son athmosphere. Il paroît donc que la supposition de cette athmosphere ne rend pas raison du plus simple phénomene de la Lumiere, qui est sa réflexion.

Cependant M. Bannieres, pour faire concevoir comment cette athmosphere se forme, & existe à l'entour des corps, dit*, que les parties de l'air ne pouvant pas s'ajuster avec les parties de lumiere qui sont engagées entre les parties des corps, laissent un petit espace tout autour de ces corps ; que la lumiére extérieure qui se jouë dans les airs remplit cet espace, & forme par ce moyen l'athmosphere, le vernis, ou l'enveloppe dont il s'agit. Remarquez qu'il donne ici à la lumiere une sorte d'antipathie pour l'air, ou à l'air pour la lumiere.

* Pag. 63.

J'avouë que cette répugnance, ou cette impossibilité, que les parties d'air éprouvent pour s'ajuster avec les parties de lumiére, est incompréhensible pour moi. Convenir que la lumiére flotte dans l'air, s'y jouë, & dire en même-tems que cet air se retire des corps, céde ſa place à la lumiére, & que cette lumiére remplit cette place, n'eſt-ce pas dire que la lumiére eſt tantôt dans l'air & tantôt n'y eſt plus ?

Cet air change-t'il de nature pour être contigu aux corps ? Eſt-il different de ce qu'il eſt dans toutes les autres parties de la nature? Non ſans doute. Pourquoi donc ſe retire-t'il à l'approche de la lumiere qui environne les corps, tandis que dans le reſte de l'Univers il n'éprouve rien de ſemblable, & qu'au contraire la lumiere & lui y ſont en bonne intelligence, y ſont répandus en même-tems ? D'où vient cette horreur ſubite qu'ont ces deux fluides l'un pour l'autre, lorſqu'ils ſont au voiſinage des corps? Je le répette : cette complaiſance que l'air a de céder ſa place à la lumiére eſt incompréhenſible pour moi, & je ne penſe pas que perſonne s'en forme une idée bien juſte ; d'autant plus que dans le ſyſtême de M. Deſcartes le *vehiculum luminis* eſt globuleux, que les parties de la lumiere ſont ſpheriques, & que par conſéquent elles laiſſent entr'elles des interſtices, ou des vuides, que l'air remplit néceſſairement, n'ayant ni incompatibilité, ni antipathie pour eux, comme le veut M. Bannieres. Cependant pour ſe rendre plus intelligible, il ſe ſert de cette comparaiſon.

Un linge, dit-il *, imbibé d'eau ne ſe

* Page 64.

charge point de parties d'huile, quoiqu'on l'y plonge; au contraire il emporte une grande quantité d'eau quand on le plonge dans ce liquide. Cette comparaifon ne me paroît point du tout jufte.

D'abord l'Auteur fuppofe ce linge imbibé d'eau, & par comparaifon les corps pénétrés de parties de lumiere; ce qu'il n'auroit pas dû faire : il auroit dû confiderer le linge fec, & les corps dépoüillés de parties de lumiere & d'air. Le linge dans ce cas prendroit de l'eau, ou de l'huile indifferemment; & les corps prendroient auffi des parties de lumiere & d'air indifferemment. D'ailleurs, s'il avoit confideré l'huile & l'eau fur le pied de l'air & de la lumiere, les parties de ceux-ci étant extrêmement divifées, & par conféquent mélangées & confonduës les unes dans les autres, il auroit apperçu que fi les parties d'huile & d'eau étoient de même divifées, mélangées, le linge prendroit de ces deux liquides en même-tems, & par comparaifon, les corps fe chargeroient tout à la fois, comme ils le font effectivement, de parties d'air & de lumiére. Donc ce jeu entre l'air & la lumiere pour fe céder leur place n'exifte point. Voyons cependant fi les preuves qu'il employe en faveur de l'exiftence de cette athmofphere font de quelque folidité.

Qu'un vaiffeau, dit-il *, vogue à plei-

* Préface pag. 46.

nes voiles, & que du haut du grand mât on abandonne une pierre à elle-même; il est d'expérience, que cette pierre tombe au pied du mât. Ce fait certain & constant ne prouve-t'il pas invinciblement, que le vaisseau est environné d'une athmosphere qui oblige la pierre de suivre le mouvement du vaisseau, quoiqu'elle n'y tienne en aucune maniere visible ? Cette athmosphere n'est pas sensible, même quant à ses effets, aux yeux de ceux qui sont dans le vaisseau; la pierre leur paroît tomber par une ligne paralléle au mât; mais elle est très-sensible pour ceux qui sont sur le rivage, lesquels voyent tomber cette pierre par une ligne courbe, bien differente de la ligne circulaire.

La pierre dont il s'agit dans ce raisonnement, tombe ou ne tombe pas paralléle-ment au mât : si c'est le premier cas, son mouvement paralléle doit être apperçu de ceux qui sont sur le rivage, comme de ceux qui sont dans le vaisseau : si au contraire elle décrit une courbe en tombant, pourquoi ceux du vaisseau ne voyent-ils pas cette courbe comme ceux du rivage ? Ils le doivent assûrément; car quoique je sois, par exemple, dans une riviere, cela n'empêche pas que je ne voye le véritable mouvement d'une pierre qui tend vers le fond, comme celui qui est sur le bord de cette riviere.

D'ailleurs ce n'eſt pas l'éloignement, c'eſt-à-dire, le plus, ou le moins de diſtance dont la chûte de cette pierre eſt apperçuë, qui occaſionne les differentes façons dont on la voit tomber. Ainſi on pourroit d'abord douter du fait. (*a*)

Mais ſuppoſons-le pour un inſtant comme on nous le rapporte : Eſt-il néceſſaire d'imaginer une athmoſphere, & une athmoſphere compoſée de particules de lumiere (car notre Auteur ne ſuppoſe l'une que pour donner crédit à l'autre) pour expliquer un fait que le ſeul mouvement du vaiſſeau & la compreſſion de l'air qui l'environne, peuvent éclaircir. En effet ce vaiſſeau, qui vogue avec rapidité, fend l'air avec violence, le comprime & l'agite fortement de tous côtés : cet air, dont le vaiſſeau occuppe à chaque inſtant la place, cherche auſſi à chaque inſtant à ſe replacer, à reprendre ſa premiere ſituation ; & cela avec une force, une viteſſe, une élaſticité proportionnée, ou égale à la compreſſion, à la force, à la viteſſe que le vaiſſeau lui a imprimée par ſon mouvement. Que l'on joigne à cela les vents qui ſe joüent dans les voiles, qui les frappent avec violence, qui en ſont repouſſés avec force ; on ſentira, que ſans recourir à des cauſes incon-

(*a*) Nota. Que je ne prétens point entrer dans la diſcuſſion de la ligne que décrit cette pierre en tombant, & que mon doute ne tombe que ſur ce qu'on la voit tomber par deux lignes ſi oppoſées.

nuës, le ſeul mouvement du vaiſſeau, le reſſort de l'air, & le reſte, ſuffiſent pour concevoir qu'il ſe forme autour de ce vaiſſeau un tourbillon d'air agité, capable d'entretenir la pierre dont il s'agit, dans un mouvement preſque paralléle au mât: car ce tourbillon d'air agité, qui enveloppe cette pierre, étant inconteſtablement plus denſe que la prétenduë athmoſphere de M. Bannieres, dont les parties fluides ſont infiniment déliées, eſt auſſi plus puiſſant pour détourner dans ſa route la détermination que l'impulſion a imprimée à cette pierre, qui eſt comprimée de toutes parts par le tourbillon d'air. Pourquoi avoir recours à des cauſes inconnuës, tandis qu'on en a qui exiſtent & qui ſe préſentent d'elles-mêmes? Eſt-ce qu'un Cartéſien admet jamais rien, qu'il n'en ait une idée claire & diſtincte?

Mais quand cette athmoſphere exiſteroit, s'enſuivroit-il que c'eſt une athmoſphere compoſée de particules de lumiere, comme le veut M. Bannieres? Non; car, ſelon cet Auteur, * les molécules d'air laiſſent un petit eſpace tout autour des corps, & la lumiere qui ſe jouë dans les airs remplit cet eſpace, qui, étant petit, fait que l'athmoſphere eſt par conſéquent mince, & de peu d'épaiſſeur: cependant dans l'exemple du vaiſſeau & de la chûte de la pierre, on ſuppoſe que cette athmoſphere a au moins au-

* Pag. 63. 64.

tant d'épaiſſeur que le mât a de hauteur. Que M. Bannieres s'accorde donc avec lui-même, s'il veut que nous admettions ſon athmoſphere & que nous en ayons des idées juſtes.

Une ſeconde preuve qu'il employe auſſi infructueuſement que celle du vaiſſeau, pour établir l'athmoſphere en queſtion *, c'eſt celle des Moucherons qui voltigent perpetuellement à l'entour d'une perſonne qui ſe promene à la campagne un peu après le coucher du Soleil. On perd ſa peine ſi on tente de les écarter, ou de les diſſiper; ils ſuivent par-tout, & on peut dire qu'ils ſont comme entraînés par une eſpece de tourbillon qui environne le corps de celui qui ſe promene. Si l'on marche, ils ſuivent; ſi on s'arrête, ils attendent; ſi on retourne ſur ſes pas, ils reculent. Enfin ils ſont emportés dans l'athmoſphere de celui qui marche.

* Préface pag. 46.

Ce qu'on vient d'oppoſer à l'athmoſphere du vaiſſeau ſe repréſente d'abord ici. Si mon corps étoit environné d'une athmoſphere, & d'une athmoſphere lumineuſe, il faudroit qu'elle fût épaiſſe de trois ou quatre pieds, ou quelquefois davantage, pour que les Moucherons ſe trouvaſſent dans ſon tourbillon, ce qui eſt oppoſé à ce qu'en dit M. Bannieres, qui ne lui donne (pag. 64.) que très-peu d'épaiſſeur. Ainſi ſi je ſuis environné d'une athmoſphere, ce n'eſt pas d'une athmoſphère compoſée de particules de lumiére. Joignez à cela que ſi cette athmoſphere de cinq ou ſix pieds d'épaiſſeur m'environnoit effectivement, j'étoufferois, je ne pourrois reſpirer ; puiſqu'elle n'exiſte à l'entour des corps que par l'abſence de l'air qu'elle en chaſſe, & auquel elle eſt impénétrable, ſelon notre Auteur.

Pourquoi donc recourir à cette athmoſphere pour expliquer le petit manége de ces Moucherons? L'agitation de l'air ſuffit pour en rendre raiſon. Si je marche je preſſe, je comprime l'air qui eſt devant moi; je ne ſçaurois le comprimer que celui qui eſt derriere ne ſuive; les Moucherons qui ſe trouvent enveloppés dans celui-ci, ſont donc apportés avec lui.

Si je m'arrête, je ne fais pour lors aucune impreſſion violente ſur l'air qui m'environne ; cet air demeure tranquille, & les Moucherons, ne recevant aucun mouvement étranger, n'en ont d'autre que celui qu'ils tirent du ſecours de leurs ailes. Si je retourne ſur mes pas, je pouſſe l'air devant moi, & par conſéquent les Moucherons, attendu leur grande légereté & leur peu de force, ſont obligés d'obéir à tous les mouvemens que l'air agité leur imprime. Juſqu'ici donc, l'athmoſphere de M. Bannieres eſt très-foiblement établie, pour ne rien di-

re de plus. Cependant examinons encore
quelques-unes de ses preuves, & voyons s'il
en tirera plus d'avantage.

Il dit qu'on ne sçauroit contester que les
corps électriques, tel que l'aiman, le jais,
l'ambre, &c. ne soient revêtus d'une athmos-
65. phere*. On en convient ; mais que peut-il
conclure de-là, qui soit favorable à son o-
pinion ? Rien du tout : car de ce que les
corps électriques sont accompagnés d'un
tourbillon formé d'une certaine matiere,
s'en suit-il que tous les corps ont aussi des
tourbillons, des athmospheres, sur-tout com-
posés de particules de lumiére? Pour que la
comparaison de ces corps électriques ap-
puyât son sentiment, il faudroit que le tourbillon qui circule autour d'eux, fût formé
par des particules de lumiére, & pour lors
il pourroit raisonner de cette sorte. Les
corps électriques ont des athmospheres composées de parties de lumiere ; pourquoi
donc les autres corps n'auroient-ils pas le
même avantage ? mais il n'est rien de tout
cela ; le tourbillon de l'aiman, &c. est formé
par la matiere magnetique, qui sort de cet
aiman qui y rentre, & qui forme autour de lui
une circulation continuelle. Mais si l'on donne de ces sortes d'athmospheres aux corps
électriques, il faut donc qu'ils en ayent deux?
L'une pour operer leurs effets d'attraction, &

l'autre pour réfléchir la lumiére. Comment donc ajuster la premiere avec-celle-ci, qui ne sçauroit s'accorder avec l'air autour des corps ? Cependant notre Auteur continue & dit à la même page.

On peut appercevoir sensiblement cette athmosphere autour d'une aiguille d'acier, qu'on placera horizontalement sur la surface de l'eau, dont on aura rempli un verre ; on verra que cette aiguille se soutiendra sur la surface de l'eau, & cela contre toutes les loix de l'hidrostatique, du moins en apparence. Car si vous considerez les choses de près, vous serez convaincu que c'est en conséquence des loix démontrées de l'hidrostatique, que cette aiguille se tient au-dessus de la surface de l'eau ; en effet quoiqu'elle soit par elle-même plus pesante qu'un pareil volume d'eau, elle est respectivement plus légere, dès lors que vous la considerez comme ne faisant qu'un tout avec son athmosphere.

Premierement, l'experience n'est pas constante, & ne réussit point invariablement avec la même aiguille qui tantôt se soutient effectivement sur la surface de l'eau, & tantôt coule à fond. Ce fait n'est donc pas un effet de l'athmosphere qui environne l'aiguille ; car si cela étoit l'aiguille devroit toujours surnager, son athmosphere, dans le sens de M. Bannieres, l'accompagnant toujours.

Suivant son opinion, c'est cette athmosphere qui réflechit la lumiere, elle est donc essentielle à l'aiguille, au moins pour que je la voye; elle lui est nécessaire aussi, pour qu'elle surnage, je la vois toujours; mais elle ne surnage pas toujours : donc son athmosphere la quitte quelquefois; & pour mieux dire, elle ne l'accompagne jamais.

Supposons néanmoins que cette expérience réussisse réguliérement, & que l'aiguille surnage toujours. Il ne sera pas plus vrai de dire, pour cela, que cette aiguille est environnée d'une athmosphere composée de particules de lumiere; mais bien d'un tourbillon de matiere magnétique : car l'acier tient incontestablement de la nature de l'aiman. Rien ne le prouve mieux que cette aiguille, qui, non seulement surnage, mais se dirige vers le Nord & le Midi, a peu près comme si elle étoit aimantée. On trouve donc dans la matiere magnétique qui circule autour de cette aiguille, de quoi expliquer tout ce qui lui arrive lorsqu'elle surnage, même la petite barquette qui semble la porter sur l'eau.* Je ne pense pourtant pas que ce soit ce tourbillon de matiere magnétique qui soit positivement la cause que l'eau semble fuir l'aiguille, & former une espéce de barque sous elle; car un brin d'ozier auquel, selon notre Auteur, la même chose arrive,

* Pag. 65. 66.

n'a point assurément un tourbillon de matiére magnétique, ni aucune autre athmosphere; puisqu'étant coupé en parallelepipede, c'est-à-dire, quarrément, ou même en prisme, il surnage sans qu'on apperçoive sous lui la moindre apparence de barque. On peut donc dire que lorsque ce brin d'ozier est angulaire, il n'a point d'athmosphere : or s'il n'en a point en cet état, il ne doit point aussi en avoir étant rond. Voici ce que je pense de ces sortes de barques & de la maniere dont elles se forment.

Que l'on considére premiérement que les parties de l'eau sont assez unies, assez liées ensemble, pour n'être ni rompuës, ni divisées par un corps mince & léger, qu'on y pose doucement & sans chute; qu'on ne lâche au contraire ce corps, que lorsqu'il commence à toucher la surface de l'eau. Cela fait, on peut regarder la surface de cette eau comme un plan fléxible qui peut, par conséquent, se prêter & obéir au corps qui est sur lui. Maintenant si l'on considere que ce corps est rond, par exemple, que c'est une aiguille, & qu'ainsi elle n'a que quelques points de sa surface inférieure, qui touchent & pressent l'eau, il sera aisé de concevoir que les parties de cette eau, qui sont près de ces points d'attouchement, sont dans une sorte de tension qui les empêche de s'approcher de l'aiguille, & de la toucher par ſes côtés. Ce qui forme le creux, ou la barque qu'on apperçoit ſous elle. Une comparaiſon va éclaircir cela.

Qu'un brin de ſoye attaché par ſes bouts ne ſoit ni trop tendu, ni trop flottant, & qu'on mette en travers ſur cette ſoye un corps cylindrique, c'eſt-à-dire rond, qui ne ſoit pas peſant juſqu'à la rompre, cependant qui le ſoit aſſez pour la faire fléchir & la déranger de la ligne droite, on pourra dans cet état regarder la ſoye comme la ſurface de l'eau, & le corps cylindrique paſſé deſſus comme l'aiguille qui ſurnage; or voyons ce qui arrive à cette ſoye & à ce corps.

Dès le premier inſtant que le corps touche à la ſoye, il n'y touche que par un point, & cette ſoye reſte dans ſa ſituation; mais ſitôt que ce corps eſt abandonné à lui-même & commence à preſſer cette ſoye, elle ſe dérange de la ligne droite, forme une eſpéce de courbe, à laquelle le corps cylindrique touche par quelques points; les autres points, qui ſont voiſins de ceux-ci, s'approchent effectivement du corps, mais jamais aſſez pour que les parties de la ſoye, de part & d'autre, deviennent les tangentes du corps cylindrique; en ſorte qu'il reſte à chaque côté de ce corps un petit eſpace. Dites-en autant de l'eau & de l'aiguille qui y ſurnage, vous rendrez raiſon

raiſon de la petite barque qui paroît la porter. Il eſt ſi vrai qu'aucune athmoſphere n'eſt la cauſe de ce phénomene, que ſi ce corps ſurnageant eſt parallelepipedique, il ne paroît aucune barque ſous lui, au contraire l'eau le touche exactement de toutes parts ; ce qui prouve que lorſqu'il eſt de cette figure, il n'eſt accompagné d'aucune athmoſphere. Pourquoi donc en ſeroit-il enveloppé lorſqu'il eſt rond ?

En voilà aſſez ſur cette athmoſphere ; un Philoſophe ſans prévention, un Cartéſien, qui n'admet que des idées claires, & que la vérité ſeule eſt capable de déterminer, ſçaura bien qu'en penſer.

Je ne ſçais ſi M. Bannieres n'a pas ſenti l'inſuffiſance des preuves que l'on vient de combattre ; mais il dit, pag. 52. de ſa Préface, Si Meſſieurs les Neutoniens admettent ſans façon une certaine qualité, on ne ſçait qu'elle, qu'ils appellent *attraction*, propriété qui ne porte ſur aucun fondement ſolide, & cela pour expliquer la réfraction ; ne nous ſera-t'il pas permis d'admettre un liquide réfringent, lequel remplit non-ſeulement les corps tranſparens, mais qui forme encore autour de ces corps une eſpéce d'enveloppe ? Si M. Bannieres vouloit ſe reſſouvenir qu'il ne faut pas que le mauvais exemple entraîne, que celui des Neutoniens ne

doit pas être une regle pour lui, & que leur erreur n'eſt point un prétexte aſſez puiſſant pour en introduire une nouvelle, il ſe garderoit bien de demander qu'on lui accordât gratuitement l'exiſtence de ſon athmoſphere. Je crois cependant qu'on peut le faire ſans beaucoup hazarder, & ſans que cela tire à conſéquence; puiſque nous feront voir, malgré la ſuppoſition gratuite de ce principe, que les effets qu'il prétend en dépendre ſont inexplicables par ſon moyen.

Nous avons déja fait voir que cette athmoſphere n'eſt pas la cauſe de la réflexion réguliere & conſtante de la lumiere qui donne obliquement ſur un corps, en ce que ce corps revêtu de cette athmoſphere, qui eſt un fluide très-délié, par conſéquent très-propre à s'ajuſter à toutes les parties des corps, ne rend pas ces corps moins ſillonnés, moins raboteux, ni plus capables d'une réflexion conſtante & réguliere. A moins qu'on ne veuille que cette athmoſphere, reſpectant les monticules des corps, ne rempliſſe que leurs inégalités & leurs ſillons, ce dont on ne s'aviſera pas, je penſe. Voyons cependant ſi cette athmoſphere expliquera mieux, qu'elle ne fait, la réflexion, la nature des corps colorés, & la diverſité des couleurs.

La réflexion, dit M. Bannieres, décompoſe les rayons de la lumiere, & c'eſt au moyen de cette décompoſition que ſont excitées en nous les diverſes ſenſations des couleurs, de rouge, de vert, de violet, &c. Voici comment il explique cela.

Tous les corps ſont revêtus, enveloppés d'une athmoſphere compoſée de particules de lumiere; aux uns cette athmoſphere eſt formée par des parties de lumiere rouges, aux autres violettes, bleuës, &c. En ſorte que chaque corps a ſon vernis, ſon enveloppe propre à exciter en nous la ſenſation d'une certaine couleur; & voici comment.

Le trait incident de lumiere contient en ſoi toutes les couleurs, & enſuite de la convenance & du rapport qui ſe trouvent entre les parties de la lumiere homogene, il n'y a que les rayons de la même eſpéce qui puiſſent agir mutuellement l'un ſur l'autre. Ainſi un corps nous paroît rouge, excite en nous la ſenſation de rouge, parce qu'il a une athmoſphere de lumiere rouge, qui ne reflechit du rayon incident, que les rayons rouges; les autres par le défaut de rapport & de convenance avec le vernis rouge, y ſont abſorbés & anéantis, n'éprouvent aucune réflexion & n'excitent, par conſéquent, en nous aucune ſenſation. Il appuye cette opinion par la comparaiſon de deux violes, dont les cordes montées à l'uniſſon, agiſſent en frémissant mutuellement l'une sur l'autre lorsqu'on les pince, & ne rendent au contraire ni son, ni mouvement dès qu'elles ne sont point au même ton.

Cette explication est ingenieuse, paroît même plausible dès qu'on passe à M. Bannieres deux suppositions, que renferme son raisonnement. Les voici.

La premiere, c'est son athmosphere en général qui environne tous les corps. Malgré ce que nous en avons dit, nous nous sommes engagés à la lui passer gratuitement, ainsi ne le contestons plus là-dessus.

La seconde, c'est une athmosphere particuliere & propre à chaque corps, composée de particules de lumiere rouge, violete, bleuë, &c.

Ou il faut recourir à l'Auteur de la nature, à qui il a plû d'approprier une telle athmosphere à un corps plûtôt qu'à un autre; ou il faut admettre bien du choix, bien du discernement dans ces corps, pour avoir trié & choisi dans toute la masse de la lumiere les parties de celle qui lui est propre à réflechir le rouge, le verd, plûtôt que le violet, &c. Si l'on en est réduit-là, où est le méchanisme de la nature? On dira, sans doute à cela, que ce méchanisme est observé, & que les corps par la seule disposition de leurs parties, par la configuration de leurs pores se ſaiſiſſent des parties de lumiere qui ſont propres à s'y ajuſter & rejettent les autres ; que ces pores étant differens dans tous les corps, & les parties de la lumiere auſſi differemment configurées, il n'y a que le rapport & la convenance qui ſe trouvent entre les uns & les autres qui forment les diverſes athmoſpheres dont les corps ſont revêtus.

On répond à cela, que toutes les parties de la lumiere ſont de la même figure ; qu'un faiſceau de lumiere, qui contient toutes les couleurs, paſſant tout entier & ſe décompoſant à travers d'un priſme, c'eſt une preuve certaine que toutes ſes parties ont la même configuration, puiſque les pores de ce priſme ſont inconteſtablement uniformes, au moins la plus grande partie. Si donc les parties de la lumiere ſont toutes de la même figure, elles doivent être indifférentes pour s'ajuſter aux corps, quoique les pores de ceux-ci ſoient differens. Pourquoi donc un corps ſe revêt-il d'une athmoſphere rouge plus-tôt que bleuë ?

Quoique les parties de la lumiere, dira notre Auteur, ſoient de la même figure, elles ne ſont pas pour cela de la même groſſeur ; les unes ſont plus ou moins déliées que les autres, & cela ne doit pas les empêcher de traverſer le priſme : parce qu'où un homme de ſix pieds paſſe, un autre de cinq y passe de même. D'ailleurs les parties de la lumiere pourroient être spheriques, triangulaires, &c. & passer à travers du prisme, supposé, par exemple, que ses pores fussent circulaires, ou de quelque autre figure semblable : ainsi il reste assez de difference entre les parties de la lumiere, quant à leur volume & à leur figure, pour que les unes s'ajustent plûtôt à un corps qu'à un autre.

Je réplique à cela, que quoique les parties de la lumiere fussent differentes en volume & en figure, elles ne seroient pas moins propres à s'ajuster toutes indifféremment à tous les corps; car il n'y en a guéres de plus dense, de plus dure, dont les parties soient plus unies, plus liées que le sont celles du verre. En effet la lumiere donne atteinte à l'or, au fer, &c. en les fondant & les dissolvant; mais le verre y résiste : donc les pores de celui-ci sont moins ouverts que ceux des autres corps (a). Cependant il reçoit & transmet un faisceau tout entier de lumiere : donc à plus forte raison les autres corps, dont les pores sont plus ouverts & plus larges, doivent aussi transmettre ce même faisceau, de

(a) M. Bannieres reconnoît l'extrême petitesse des pores du verre pag. 188. de son examen. D'ailleurs on se sert de tuyaux & de récipiens de verre pour les Barometres & les Machines Pneumatiques, parce qu'ils offrent un passage moins libre à l'air que les autres corps.

telle figure que ſoient ces pores ; la matiere lumineuſe étant aſſez déliée pour les traverſer, ou au moins, puiſque ces pores ne ſont pas droits, pour s'arrêter à leur entrée ou à la ſurface des corps. Or ſi cela eſt ainſi adieu l'athmoſphere rouge, bleuë, violette, &c. les corps n'en auront point qui ne ſoient compoſées de toutes les couleurs, & tous, par conſéquent, ne reflechiront jamais que le blanc. Donc on peut aſſûrer que ces prétenduës athmoſpheres, qui décompoſent la lumiere & excitent en nous les ſenſations des couleurs, n'exiſtent point.

Une autre preuve encore que les corps n'ont point d'athmoſphere particuliere, & que rien ne les détermine à ſe charger de certaines particules de lumiere préferablement à d'autres, qu'au contraire ils ſont tous environnés, pénétrés de la lumiere pure, entiere, indécompoſée ; c'eſt que ces corps ſont diſſous, fondus, vitrifiés par la lumiere ; or cela n'arriveroit pas, ſi la lumiere ne les pénétroit, & ſi leurs pores n'étoient propres à la recevoir toute entiere : donc encore une fois ces ſortes d'athmoſpheres n'exiſtent point.

Notre Auteur ſe fait à peu près cette derniere objection, & ſemble y répondre, en diſant.*

Une preuve bien ſenſible que l'action de la lumiere pénétre juſqu'aux parties propres des

* Préface page 81.

corps, c'eſt que la lumiere nous échauffe, c'eſt qu'elle liquifie les corps les plus durs, qu'elle enflamme & brûle les corps combuſtibles

Il ne ſuffit pas de dire que cela arrive, la queſtion eſt de ſçavoir, s'il eſt poſſible dans le ſyſtême que nous combattons. M. Bannieres dit qu'il n'y a que les rayons de lumiere homogene qui puiſſent agir l'un ſur l'autre; que les rayons bleux n'ayant aucun rapport, & nulle convenance avec les rayons rouges, ceux-ci ne ſçauroient recevoir, ni imprimer d'action à ceux-là, ainſi du reſte. Mais un corps rouge, ſelon notre Auteur, un morceau de drap écarlatte eſt pénétré de particules de lumiere rouge, revêtu d'une athmoſphere de même eſpece; par conſéquent, il n'y a du trait de lumiere incident que les rayons rouges qui puiſſent pénétrer ce corps, y entrer & mettre en action les parties de lumiere rouge qu'il contient. Or l'action des rayons rouges & des particules de lumiere rouge ne ſuffit pas pour brûler ce morceau de drap au foyer d'un verre-ardent: cependant il eſt d'experience qu'il s'y conſume, & qu'il faut, pour que cela arrive, que toutes les parties de la lumiere ſoient raſſemblées & agiſſent en même-tems ſur ce corps: donc il n'eſt pas ſeulement pénétré de particules rouges; mais de toutes celles qui composent la lumiere: donc ce morceau de drap d'écarlatte doit nous paroître blanc dans le systême de notre Auteur ; donc ses athmospheres propres & particulieres à chaque corps n'existent point.

Voici encore une difficulté contre ces athmospheres. Un corps ne nous paroît blanc que parce qu'il réflechit un faisceau de lumiere complet & indécomposé ; mais pourquoi ce corps nous réflechit-il ce faisceau sans le décomposer ? C'est, répondra-t'on, parce qu'il est environné d'une atmosphere, composée de toutes les parties de la lumiere, & qu'il en est pénétré de même. Cela étant, que l'on expose ce corps devant un miroir de métal, par exemple, de cuivre bien poli & doré. Considerons maintenant ce qui lui arrive.

On ne peut pas nier que ce corps blanc n'envoye un faisceau entier de lumiere sur ce miroir ; on ne peut pas nier encore que ce corps ne nous y paroisse blanc : cependant dans le systême de notre Auteur, il devroit nous paroître jaune ; puisque du rayon incident, ce miroir ne peut réflechir que le jaune, son athmosphere étant de cette espece. Il faut donc conclure, ou que l'athmosphere jaune peut réflechir toutes les couleurs, ou que l'athmosphere de ce miroir est un composé, un assemblage de toutes les couleurs

Ce qui détruit entierement les opinions de M. Bannieres sur le sujet de la réflexion.

Une objection que M. Bannieres employe dans son Examen contre la réflexion du vuide, m'en fait naître une contre lui-même. Il dit que puisque la lumiere se réflechit du sein des pores, ces mêmes pores ne peuvent pas la transmettre; par conséquent, que suivant cette opinion on ne verroit jamais aucun objet à travers les quarreaux d'une vitre. Je lui dis donc, à l'imitation de son objection, que si une personne habillée en écarlatte passoit dans la rue, & que la vitre de ma chambre fût d'un verre rouge, je ne verrois jamais cette personne; car cette vitre rouge réflechissant les rayons rouges, doit réflechir ceux qui lui sont apportés par l'habit d'écarlatte : cependant il est d'experience que je vois cet habit; donc la vitre rouge, ou l'athmosphere qui l'enveloppe & la pénétre, réflechit & transmet à la fois les rayons rouges. N'est-ce pas la même chose que si l'on disoit, le vuide réflechit & transmet la lumiere? Donc la même contradiction qui accompagne le sentiment des Sectateurs de la réflexion du vuide existe dans l'opinion de M. Bannieres.

Un diamant d'une belle eau, bien blanc, étant exposé aux rayons du Soleil, réflechit sur une feüille de papier autant de couleurs differentes qu'il a de facettes ; & telle face qui réflechiſſoit tout-à-l'heure le bleu ou le verd, réflechit un inſtant après le violet, le rouge, &c. pour peu qu'elle ſoit préſentée plus ou moins obliquement au rayon de lumiere incident. On ne dira point aſſurément que ces effets ſont des ſuites de l'athmoſphere dont le diamant eſt entourré & pénétré, à moins qu'on ne diſe que chacune de ſes faces ait ſon athmoſphere particuliere : dans ce cas ce diamant ne devroit pas nous paroître blanc, mais bigaré. D'ailleurs ſuppoſé que ſes faces ayent chacune leur athmoſphere propre, elles doivent toujours chacune réflechir les mêmes couleurs; à moins qu'on ne veuille que ces athmoſpheres changent d'eſpece à meſure que le diamant, changeant de ſituation, eſt préſenté aux rayons du Soleil ſous differentes obliquités. On feroit un volume d'objections ſemblables qui démontreroient toutes également que l'opinion de M. Bannieres ſur ſes athmoſpheres eſt une ſuppoſition chimerique.

Je finis en deux mots par une experience de M. Newton, que notre Auteur employe contre les Neutoniens *; il convient que l'or réduit en lame mince tranſmet des rayons bleux, & qu'en même-tems il réflechit les jaunes : donc l'athmoſphere de l'or eſt differente des parties de lumiere dont il

* Pag. 83.

eſt pénétré ; ce qui eſt tout-à-fait oppoſé aux idées de M. Bannieres, qui prétend que les parties de lumiere qui ſont engagées dans les mixtes ſont de la même eſpece que celles qui forment les athmoſpheres de ces mixtes.

Enſin voilà ces athmoſpheres anéanties, ou du moins leur exiſtence extrêmement équivoque. Il ſeroit à ſouhaiter que ce que nous en avons dit fût moins ſolide ; je voudrois en mon particulier n'avoir pû les infirmer, nous n'aurions pas le chagrin de nous voir replongés dans le myſtére de la Phyſique; une cauſe générale, ingenieuſe nous l'auroit développé, au lieu qu'il ne nous reſte qu'un cahos d'opinions, dans lequel il n'y a que l'incertitude à choiſir.

Nous n'avons combattu que la cauſe de la réflexion ſans parler de la réfraction, parce que le ſujet de l'une anéantit, en tombant, néceſſairement la cauſe de l'autre.

FIN.

AVERTISSEMENT.

Dans le tems qu'on travailloit à l'impression de la brochure qu'on vient de voir, on me confia un petit Manuscrit sur l'Impulsion & ses effets ; je le lus & y trouvai, à la verité, des idées très-vraisemblables, mais presque jettées au hazard, fort obscures, & telles, apparamment, qu'elles s'étoient presentées d'abord à l'esprit de l'Auteur. Il s'agissoit cependant de les faire imprimer à la suite de ma petite Réfutation, & cela ne se pouvoit pas qu'elles ne fussent débrouillées & renduës nettement ; c'est ce que j'ai tâché de faire du consentement de l'Auteur, en y ajoûtant & en retranchant ce que j'ai cru nécessaire pour les rendre intelligibles, sans sortir cepen-

dant des bornes d'un Eſſai. Ainſi je n'ai preſque d'autre part à l'Ecrit ſuivant que la forme que je lui ai donnée.

ESSAI

SUR L'IMPULSION APPLIQUÉE aux Phénomenes de la Lumiere & à quelques autres attribués à l'Attraction.

DE tous les Philosophes qui ont écrit sur la Lumiere, aucun, je crois, n'a eu recours à l'Impulsion pour expliquer sa réfraction. Cependant il est bien vrai-semblable que ces Phénomenes, & quantité d'autres en dépendent : aumoins en les expliquant par son moyen, nous conservons le méchanisme, nous avons des idées des causes, les corps agissent sur les corps; & ce n'est plus un pouvoir immatériel, que nous ne concevons nullement, qui agit nécessairement sur la matiere. D'ailleurs les principes généraux de M. Descartes, que l'on a cherché d'anéantir, ne sont point encore assez solidement combattus pour les abandonner. Il est vrai que ce Philosophe ne s'en est pas toûjours servi avec la même justesse, ou que quelquefois il n'a pas été assez heureux pour en découvrir toute l'étenduë & en faire l'application sur certains Phenomenes de la nature. Ceux de la réflexion & de la réfraction de la Lumiere sont de ce genre; il auroit pû, ce semble, en rendre raison par ses principes : c'est ce que l'on va essayer.

On entend, par le mot d'*Impulsion*, l'action d'une puissance materielle qui pousse ou détermine un corps vers un autre.

L'opinion commune est que la fluidité des corps dépend du mouvement de leurs parties. Ainsi on doit considérer les fluides comme un assemblage d'une multitude de parties très-déliées, ou d'atômes insécables, qui, étant désunis entr'eux, sont dans un mouvement continuel. J'appelle ce mouvement qui fait la fluidité des corps, *mouvement intestin*, dont l'existence est démontrée dans la dissolution des métaux & des sels par les fluides.

Dès qu'on admet ce mouvement, il faut nécessairement convenir qu'un corps environné d'un fluide éprouve, dans toutes les parties par lesquelles il en est toujours ché, autant de petits chocs que ce fluide á de particules, ou d'atômes en mouvement: Ces chocs font le principe de l'action des fluides,& la baze de presque tous lesPhénomenes de la Physique.

La force d'un corps en général est le produit de sa masse & de sa vitesse. Ainsi toute la force active d'un fluide dépend de la quantité de son mouvement intestin, du nombre & de la masse de ses particules muës.

La matiere ètherée, qui est répandue par-tout, qui environne & penetre tous les corps, a toutes les conditions nécessaires pour faire un fluide très-puissant; elle est composée de particules extrêmement subtiles,nombreuses, solides & vivement agitées. J'appelle ici du nom général de matiere ètherée toutes les especes de matieres plus subtiles que l'air.

Quoique cette matiere ètherée soit extrêmement déliée & qu'elle pénetre tous les corps avec une facilité incroyable; cependant elle frappe les surfaces des corps qu'elle environne, & elle souffre quantité de chocs contre leurs parties solides. Elle éprouve ces mêmes chocs dans l'intérieur de ces corps, dont elle ne sçauroit pénétrer les parties qu'elle ne les frotte & qu'elle ne les heurte: car les pores des corps ne peuvent être si droits qu'ils ne soient interrompus & entrecoupés par leurs parties constituantes.

On peut titer plusieurs conséquences importantes de ces chocs ; mais nous nous restreignons à celles qui appartiennent à notre sujet, les voici.

1°. La matiere éthérée souffre des chocs dans la substance des corps : donc elle y perd un peu de sa vitesse & par conséquent un peu de sa force. Cette perte est proportionnée à la violence des chocs ; or comme il y en a d'assez forts, d'assez souvent répetés pour faire perdre tout mouvement à quelques parties de la matiere éthérée, il s'en suit que ces parties perdent toute leur force, ou que leur action est anéantie.

2°. La couche du fluide ètheré, qui touche la surface d'un corps, perdant, par le choc, une partie de sa vitesse, perd aussi une partie de sa force ; & les autres couches, comme la seconde & la troisiéme, qui succedent à cette premiere, en s'en éloignant (jusqu'à une très-petite distance) souffrent aussi des diminutions de forces proportionnées à leur éloignement du corps qu'elles environnent : donc ces premieres couches fluides ont moins d'action & d'énergie à l'entour d'un corps que celles qui en ſont plus éloignées ; & par conſéquent une matiere quelconque qui ſeroit placée entre ces deux puiſſances, c'eſt-à-dire, entre les couches immédiates du fluide éthéré, & les couches plus extérieures, cederoit aux chocs de celle-ci & ſeroit pouſſée vers le corps, aux environs duquel, l'action du fluide étant moindre, il ſe trouve moins de réſiſtance. Cette impulſion doit ſe faire, ſuivant des lignes perpendiculaires aux couches du fluide impulſif, & par conſéquent perpendiculairement aux ſurfaces des corps environnés de ce fluide. C'eſt par cette méchanique que nous allons expliquer les divers Phénomenes de la Lumiere. Commençons par ſa réflexion,

La lumiere eſt réflechie des parties ſolides des corps, & par conſéquent par impulſion.

L'objection priſe de l'inégalité des ſurfaces, pour prouver que la Lumiere ne ſe réflechit point des parties ſolides des corps, n'eſt ni aſſez puiſſante, ni aſſez victorieuſe pour anéantir cette opinion ; au contraire, elle lui eſt favorable, en ce que faiſant examiner les choſes de plus près, on apperçoit qu'il eſt impoſſible que la lumiere rejailliſſe d'ailleurs que de deſſus les corps. On a donc conclu de ces inégalités, que l'on ne verroit jamais un objet ſi la lumiere ſe réfléchiſſoit de ſes parties ſolides, en quoi l'on a ſuppoſé que la réflexion de tous les rayons dans le même ſens, étoit néceſſaire à la viſion, tandis qu'il ſuffit qu'il s'en réflechiſſe aſſez pour former une image ſur notre retine. Or mille & mille perſonnes placées autour de cet objet le voyent à la fois : il faut donc que ſon image ſoit renvoyée vers mille & mille points différens, & par conſéquent que la réflexion des rayons ait autant de directions différentes. Qu'eſt-ce qui produiroit cette variété de réflexions ? ſi ce n'étoit les inégalités des ſurfaces, qui, ſe preſentant à la lumiere, ſous differentes obliquités, la font par conſéquent réflechir ſous différens angles. Ces inégalités donc, loin de nuire à la réflexion, ſont néceſſaires pour qu'un objet puiſſe être vû de pluſieurs endroits à la fois. Elles n'empêchent pas non plus que la réflexion ſe faſſe ſous un angle égal à l'angle d'incidence ; car elles ſe trouvent diſpoſées, par rapport à chacun des ſpectateurs, de façon qu'elles produiſent réellement ces angles, qui ſont néceſſaires à la viſion.

S'il y avoit un miroir aſſez compacte & aſſez poli pour n'avoir aucune inégalité & pour réflechir, par conſéquent, tous les rayons dans une même direction, il n'y auroit qu'une ſeule réfléxion, par laquelle l'image réflechie pourroit être vûë, ou plûtôt on ne verroit rien, parce que cette réflexion lumineuſe feroit trop abondante

& par conséquent trop vive. Ce même inconvénient arriveroit si la lumiere étoit réfléchie du vuide, ou de dessus l'athmosphere de M. Bannieres ; car ce vuide n'a pas apparamment d'inégalités, & cette athmosphere n'a été inventée que pour rendre les corps parfaitement unis.

Les corps compactes & polis different donc des autres, non pas en ce qu'ils n'ont point d'inégalités, mais en ce qu'ils en ont moins ; ce sont des monticules plus serrées, qui réfléchissent la lumiere de toutes parts. Mais leurs sommets étant très-près les uns des autres, la portion de lumiere qu'ils réflechissent est très-vive ; parce qu'elle est considerable & que la réflexion en est simple & réguliere.

Ainsi quand vous faites tomber le Soleil sur un miroir, la clarté qui en réjaillit sous un angle égal à l'angle d'incidence, ne vient que des rayons réflechis par les sommets des inégalités, ou des monticules de la glace ; ausquels, peut-être, se joignent quelques rayons réfléchis du fond des sillons. Tout le reste de la lumiere, ou des images que cette glace répand à la ronde, vient de rayons réfléchis, & peut-être réfléchis plus d'une fois dans ces sillons.

Ces deux sortes de réflexions s'observent dans toutes les surfaces polies. Par exemple dans un tableau à l'huile on appelle *faux-jour*, le point de la réflexion réguliere, parce que cette grande réflexion blesse la vûe & empêche de distinguer la réflexion indirecte par laquelle nous voyons distinctement les objets.

Joignez à cela que la quantité de lumiere réfléchie suit la dureté, ou la densité des corps; ce qui n'arriveroit pas si elle se réfléchissoit du vuide; puisqu'en ce cas les corps les plus poreux la réfléchiroient plus abondamment que les moins poreux, ce qui est contre l'experience. Donc la lumiere se réfléchit des parties solides des corps, & leurs inégalités, loin d'être un obstacle à cette réfléxion, y sont nécessaires: donc si elles repoussent la lumiere, on peut conclure qu'elle est réfléchie par impulsion.

La refraction de la lumiere est une suite de l'impulsion de la matiere étherée.

Les corps, & sur-tout les transparens ne réfléchissent pas toute la lumiere qui les atteint, ils en transmettent une partie & c'est celle-la qui se brise, ou change de direction, en passant de l'air, par exemple, dans le verre, quand elle y entre obliquement; car un rayon perpendiculaire, comme on sçait, ne se réfracte point. Or cette réfraction est une suite de l'impulsion de la matiere étherée, voici comment.

Qu'on se rappelle que nous avons dit que le fluide étheré, étant répandu par-tout &

pénétrant tous les corps, perd, par le choc, dans leur substance, une partie de sa force. Que l'on considere maintenant un rayon de lumiere pénétrant & traversant un cube de crystal; il se trouve entre deux puissances inégales, c'est-à-dire, entre le fluide étheré répandu tout au tour de ce crystal, & entre celui qui a perdu une partie de sa force dans la substance de ce verre : donc il doit céder à l'effort du fluide extérieur & vaincre, par conséquent, la résistance du fluide intérieur, donc l'action est affoiblie par le choc.

C'est ainsi que la lumiere, au lieu d'être attirée par les corps, y est poussée. Mais comme ce fluide, qui environne les corps, agit perpendiculairement aux surfaces de ces corps, il s'en suit qu'un rayon oblique de lumiere qui est obligé de céder à cette action perpendiculaire, change de direction & se brise en s'approchant de la perpendiculaire.

La lumiere brisée avant que d'entrer dans le crystal, est un effet de l'impulsion.

La courbe que décrit, avant que d'entrer dans le verre, ce rayon qui s'y réfracte, est une suite de la même impulsion. Car les couches de matiere éthérée, qui environnent le crystal, perdant par le choc, successivement & proportionnément à leur éloignement de ce corps, un peu de leur force, il s'en suit que la lumiere qui les pénetre, rencontrant, dans des inſtans preſqu'indiviſibles, des degrés de réſiſtance toujours diminués, doit, dans tous ces inſtans, changer de direction & conſéquemment décrire la courbe dont il s'agit.

Le rayon qui vient d'être réfracté en traverſant le cryſtal, décrit en en ſortant, par la même raiſon que tout-à-l'heure, la même courbe qu'il a tracée en y entrant; car les couches immédiates du fluide éthéré par deſſous le cryſtal, ſont les mêmes que par-deſſus : elles doivent donc produire les mêmes effets, & n'oppoſer pas plus de réſiſtance que celles du deſſus au même rayon, qui, ſe preſentant obliquement aux couches plus extérieures, en reçoit l'action perpendiculaire, y obéït & ſe briſe par conſéquent en s'éloignant de la perpendiculaire.

L'inflexion de la lumiere eſt un effet de l'impulſion.

Un autre Phénomene de la lumiere, c'eſt ſon inflexion ; on la voit ſenſiblement s'approcher & ſe courber vers un corps pointu & aminci qu'elle raſe & dont elle eſt proche ; parce qu'en ce cas ſes rayons ſont dans les couches immédiates du fluide éthereé, qui, cedant à la force de couches plus éloignées, laiſſent par conſequent la lumiere s'approcher du corps qu'elle raſe ; & cela en telle maniere que le rayon, qui s'approche le plus du corps, ſe courbe davantage, & que celui qui en eſt le plus éloigné se courbe moins à proportion de son éloignement. Cela vient de ce que les couches immédiates du fluide environnant ont differens degrés de force à mesure qu'elles sont éloignées des corps, en sorte que la troisiéme ou quatriéme oppose plus de résistance, par exemple, que la premiere à la masse totale du fluide impulsif.

L'accéleration de la lumiere dépend de l'impulsion.

L'accéleration de la lumiere est encore une proprieté dépendante de la même impulsion. Ainsi le mouvement d'un rayon qui passe de l'air dans un crystal n'est accéleré dans celui-ci, que parce que la matiere éthérée y perdant de sa vitesse par le choc, y perd aussi de sa force, & oppose, par conséquent dans ce crystal, moins de résistance à la lumiere que dans l'air.

Mouvement de vibration apperçu dans la lumiere, & causé par l'impulsion.

La lumiere envoyée sur un crystal, non seulement s'en réflechit & s'y brise, comme nous venons de voir; mais elle perd encore une partie de ses rayons, qui se jouent & s'éteignent dans la substance de ce corps, à l'entour duquel une autre petite partie s'élance & s'éparpille par accès & par vibrations. C'est Newton qui a observé ce mouvement de vibration & ce jeu de la lumiere balottée dans la substance d'un crystal, il ne l'a point expliqué, & les Newtoniens les plus zelés désesperent de le faire par l'attraction; je vais, en y substituant l'impulſion, tâcher d'en rendre raiſon.

Ces Phénomenes ont deux cauſes, ſçavoir, la réflexion de la lumiere dans la ſubſtance ſolide du cryſtal, & la réflexion de deſſus le fluide, dont ce même cryſtal eſt environné.

On a beau ſuppoſer des pores nombreux & droits dans le verre, la réflexion que la lumiere éprouve à la rencontre de ſa ſurface, démontre qu'elle heurte contre ces parties, & que par conſéquent, en traverſant ce verre, elle ſouffre auſſi des réflexions dans ſa ſubſtance, occaſionnées par la diverſité des petites ſurfaces réflechiſſantes, dont les interſtices, ou les pores ſont interrompus & enttecoupés. C'en eſt aſſez pour éparpiller une partie de la lumiere dans le cryſtal, & ſes réflexions ſouvent répetées par les petites ſurfaces interieures, ſuffiſent pour rendre raiſon de celle qui s'y éteint & s'abſorbe, de même que de celle qui s'élance à la ronde & fait les fauſſes lueurs appellées penombres.

Cependant ces réflexions interieures ne ſont pas les ſeules cauſes du mouvement de vibration de la lumiere. Dès que l'on conçoit autour d'un cube de verre une impulſion capable de repouſſer la lumiere qui n'a pas une certaine force, une certaine direction, on comprend que parmi les rayons qui ſont entrés dans ce cube, il y en a une infinité, qui, ayant perdu une partie de leur force par le grand nombre de réflexions interieures qu'ils ont ſouffertes, & qui ſe preſentant trop obliquement au fluide impulſif, en ſont vaincus, éparpillés & renvoyés de nouveau à quelque ſurface intérieure du cryſtal qu'ils traverſeront ſi leur direction eſtplus heureuſe, ou moins oblique; mais dont ils ſeront encore repouſſés ſi cette ſurface leur bouche le paſſage, ou ſi le fluide impulſif s'y oppoſe.

Ce fluide qui reçoit ainſi les chocs de la lumiere, & qui lui rend des impulſions réciproques, eſt élaſtique : donc les jets alternatifs de la lumiere, doivent ſe faire par accès, par vibrations.

Newton a bien ſenti toutes les conſéquences de cette experience, & combien l'attraction ſuffiroit peu pour l'expliquer. Il a été obligé de conjecturer *qu'il y a dans la Nature une matiere très-élaſtique & très-rare, qui devient d'autant moins rare qu'elle eſt plus éloignée des corps ; & que la lumiere émane du Soleil par accès, par vibrations.* Il avoit préparé des experiences ſur ce ſujet, qu'il n'a pas eu le tems d'achever, & peut-être que s'il avoit pû les finir, il auroit eu la ſatisfaction de voir ſa conjecture s'accorder avec la vérité.

La réflexion de la surface ultérieure du crystal est causée par l'impulsion.

L'attraction n'est nullement la cause que les rayons qui ont traversé un prisme, sous une certaine obliquité, y rentrent à l'instant même qu'ils sont prêts d'en sortir ; car ces rayons sont poussés bien loin au-delà du corps dans lequel le pouvoir attractif est supposé, cependant ils devroient être arrêtés & absorbés ; puisque le propre de tous les corps attirans est de s'unir à ce qu'ils attirent, ou du moins de chercher cette union, sans plus se séparer, à moins que quelque cause nouvelle ne les y force. Donc la réflexion des rayons de la surface ulterieure d'un crystal n'est pas une suite de l'attraction; mais elle l'est bien de l'impulsion. En effet nous voyons qu'un rayon qui tombe sur un verre, ou sur la surface de l'eau, n'y entre que parce qu'il y est poussé par l'action du fluide impulsif, pourquoi celui qui a traversé ce verre, & qui rencontre, à la surface ultérieure, le même pouvoir impulsif, n'en seroit-il pas repoussé & renvoyé? Mais si l'on pompe l'air, la réflexion en devient plus forte ; c'est que cet air pompé, qui occupoit auparavant la place d'une certaine quantité de matiere éthérée, n'étant plus derriere le crystal, cette matiere y devient plus abondante, son mouvement augmente, ne souffrant plus de chocs contre l'air, & par conséquent son action impulsive devient plus forte & renvoye davantage de lumiere. Mais considerons ces rayons qui traversent le prisme dans leur état naturel, c'est-à-dire, le prisme étant environné d'air.

Tout le monde sçait à présent, que des couleurs du prisme les rayons rouges sont ceux qui ont le plus de force & se rompent moins, les orangés ensuite, puis les jaunes & qu'enfin les violets sont ceux qui se rompent le plus, ou sont les plus réfrangibles.

Ces couleurs ne sortent du prisme qu'autant que la face posterieure de cet instrument, d'où ces couleurs s'échappent, n'est pas fort inclinée sur ces traits de lumiere; car si cette face leur est fort oblique, ils se trouvent comme repompés par le prisme & sont réflechis à travers sa substance : parce que, dans cette situation du prisme, les rayons qui sortent de sa surface ultérieure, frapans trop obliquement la surface du fluide qui environne les couches immédiates, ne sont pas assez forts pour vaincre son impulsion perpendiculaire & pour s'échaper de la circonference du prisme. Il en est de ces rayons obliques, par rapport au fluide impulsif, comme d'une pierre jettée fort obliquement dans l'eau, elle y fait des ricochets, & en réjaillit sans s'y enfoncer. C'est donc l'impulsion du fluide étheré qui repousse les rayons vers le cryſtal & fait cette ſorte de réflexion, que je nomme *réflexion réfringente*, pour la diſtinguer de la réflexion ordinaire.

Si vous inclinez donc lentement la face du priſme ſur les rayons qui en ſortent librement, pour les faire abſorber & réflechir les uns après les autres; vous verrez que le violet eſt le premier réflechi & le rouge au contraire le dernier.

La raiſon de ce Phénomene eſt évidente. Le rayon violet eſt le plus voiſin de la face inclinée; il eſt le plus oblique, par conſéquent, à l'action perpendiculaire du fluide impulſif, & d'ailleurs il eſt le plus réfrangible; double raiſon pour laquelle il doit être le premier vaincu & réflechi par l'impulſion. Le rayon rouge au contraire eſt le plus éloigné de cette face inclinée, il eſt le moins oblique, le plus fort de tous, ou celui qui cede le moins à l'action du fluide: donc il eſt le dernier réflechi.

Newton a conclu de cette expérience, pour la reflexion en general, *que les rayons les plus réfrangibles ſont auſſi les plus réflexibles*. Je ne ſçais ſi ce Philoſophe ne ſe ſeroit pas trompé dans cette concluſion. Car tout le monde ſçait qu'une bale, par exemple, pouſſée ſur une ſurface en rejaillit d'autant plus fort qu'elle eſt pouſſée avec plus de force; or, suivant Newton, le rayon rouge est dans le cas de cette bale, il est plus fortement poussé que les autres : donc il doit se réflechir avec plus de vigueur que ceux-ci, toutes choses d'ailleurs égales. Ainsi, par la même raison que le rayon rouge est le moins réfrangible, il doit être le plus réflexible; car il n'est moins réfrangible que parce qu'il l'emporte plus que les autres sur le pouvoir de l'attraction; or une bale qui traverse un espace pénetrable, réjaillit aussi avec plus de force; si elle rencontre après une surface impénetrable: le verre est l'espace pénétrable à la lumiere, & le vuide la surface impénetrable : donc les rayons les moins réfrangibles, renvoyés par ce vuide, doivent être les plus réflexibles; ou s'il est permis d'employer les expressions familieres de Neuwton; donc la réflexibilité des rayons est en raison inverse de leur réfrangibilité.

Raison pourquoi certains fluides moins pésans que d'autres, réfractent cependant davantage la lumiere.

Les matieres composées de particules en mouvement, produisant des chocs plus violens contre le fluide éthéré contenu dans leur substance, il s'ensuit qu'elles produisent aussi des réfractions plus fortes; & c'est pourquoi l'eau réfracte plus la lumiere que le crystal, quoi que celui-ci ait plus de masse, soit plus pesant que l'eau.

Parmi les fluides, ceux qui sont chargés

de beaucoup d'huile, de souffre, de parties volatiles, rompent encore les rayons davantage; parce que la matiere ètherée est plus liée, plus embarrassée par les parties de souffre & d'huile, & d'ailleurs plus choquée par les parties volatiles & ignées dont ces matieres sont pénétrées. Ainsi les esprits de vin & de therébentine produisent des réfractions plus fortes que l'eau, quoique la densité de l'eau soit plus considérable que celle de ces esprits.

Les effets de l'impulsion, sont en raison directe des masses.

Ces diverses réfractions semblent opposées à la loi, géneralement reconnue de l'attraction, ou de l'impulsion, qui est d'agir sur les corps en raison directe de leur masse : cependant si l'on fait attention que cette regle ne peut avoir lieu qu'à l'égard des corps dont la masse est composée de particules de même nature; il sera aisé de se convaincre que les effets de notre impulsion, sont proportionnés aux masses des corps sur lesquels elle agit.

Car puisque tous les corps sont pénetrés du fluide ètheré, il n'y a point de particule de leur substance que ce fluide ne touche; l'effet qui résultera de ce contact sera donc proportionné à la quantité de ces particules, c'est-à-dire à la masse du corps.

Ainsi l'impulsion, ou le mouvement que recevra un corps, par l'action de la matiere éthérée,

éthérée, sera d'autant plus considérable, qu'il aura plus de substance; telle est l'action de ce fluide qui produit la pesanteur des corps.

De même l'affoiblissement de l'action du fluide intérieur, dans chaque corps, sera d'autant plus grand qu'il y éprouvera plus de chocs; mais le nombre de ces chocs est proportionné à la quantité de la substance des corps : donc l'affoiblissement du fluide intérieur sera aussi proportionné à cette même substance, ou à la masse des corps; mais la superiorité des couches extérieures du fluide étheré est d'autant plus grande, que le fluide intérieur est plus foible : donc l'impulsion qui agit sur les corps est encore proportionnée à leur masse.

Les corps sont poussés en raison inverse du quarré de leurs distances.

L'impulsion agit avec plus de force au point de contact.

Ainsi donc en partant de l'impulsion pour principe, comme on fait de l'attraction, on peut conclure de celle-là comme de celle-ci, que les corps sont attirés, ou poussés en raison inverse du quarré de leurs distances; excepté au point de contact où l'impulsion agit avec beaucoup plus de force; parce qu'à ce point de contact le corps attiré se trouve d'une part à l'abri du grand corps & dans la couche du fluide affoibli, dont il ne reçoit qu'une très-legere impulsion; & de l'autre part il est assailli de toute l'impulsion des couches extérieures, dont l'effort n'est que peu, ou point du tout, contrebalancé, ne se trouvant nul fluide résistant entre les corps qui se touchent ; aulieu qu'à une grande distance il n'est plus question ni de l'abri du corps, ni du vuide de résistance (si l'on peut s'exprimer ainsi) des couches immédiates du fluide environnant, le corps poussé est environné de toutes parts d'un fluide très-agité;il n'y a que celui qui se trouve entre les deux corps dont l'agitation est un peu moindre, & ce moins de mouvement suffit pour rompre l'équilibre à l'avantage du fluide opposé.

Par-là l'impulsion acquiert tous les avantages de l'attraction de Newton, & sa terrible objection évanouit, par laquelle il prétendoit que l'impulsion ne peut agir que dans la raison des surfaces ; tandis que tous les Phénoménes, pour lesquels il a imaginé l'attraction, s'opérent dans la raison des masses. Au reste on n'a proposé ceci que comme un simple essai, que comme des opinions, qui sont néanmoins bien recevables par leur simplicité, & par la facilité avec laquelle on en déduit une explication générale & constante des principaux Phénomenes de la nature.

APPROBATION.

J'AY, lû par ordre de Monseigneur le Chancelier, un *Examen de quelques opinions sur les causes de la reflexion & de la réfraction de la lumiere répandues dans l'Ouvrage de M. Bannieres*. Fait à Paris ce 5. Aoust 1739.

MONTCARVILLE.

J'AY lû un Manuscrit qui a pour titre : *Essai sur l'impulsion appliquée aux phénomenes de la lumiere & à quelques autres attribués à l'attraction*, dont on peut permettre l'impression. Fait à Paris ce 5. Octobre 1739.

Signé MONTCARVILLE.

PRIVILEGE DU ROY.

LOUIS, par la grace de Dieu, Roi de France & de Navarre, A nos amez & feaux Conseillers les Gens tenans nos Cours de Parlement, Maîtres des Requêtes ordinaires de notre Hôtel, Grand-Conseil, Prévôt de Paris, Baillis, Sénéchaux, leurs Lieutenans Civils & autres nos Justiciers qu'il appartiendra, Salut. Notre bien amé le Sieur A *** Nous ayant fait supplier de lui accorder nos Lettres de Permission pour l'impression d'un ouvrage qui a pour titre : *Réfutation des Opinions que M. Bannieres a répandues dans son Ouvrage contre la Philosophie de Newton, &c.* offrant pour cet effet de le faire imprimer en bon papier, & beaux caractéres, suivant la feuille imprimée & attachée pour modéle sous le contre-scel des Presentes, Nous lui avons permis & permettons par ces Présentes, de faire imprimer ledit Ouvrage ci-dessus specifié, conjointement ou séparément, & autant de fois que bon lui semblera, & de le vendre, faire vendre & débiter partout notre Royaume pendant le temps de trois années consécutives, à compter du jour de la date desdites Présentes : faisons défenses à tous Libraires & Imprimeurs, & autres personnes de quelque qualité & condition qu'elles soient, d'en introduire d'impression étrangere dans aucun lieu de notre obéïssance ; à la charge que ces Présentes seront enregistrées tout au long sur le Registre de la Communauté des Libraires & Imprimeurs de Paris, dans trois mois de la date d'icelles ; que l'impression de cet Ouvrage sera faite dans notre Royaume, & non ailleurs ; & que l'Impétrant se conformera en tout aux Réglemens de la Librairie, & notamment à celui du dix Avril mil sept cens vingt-cinq ; & qu'avant que de l'exposer en vente, le Manuscrit ou Imprimé qui aura servi de copie à l'impression dudit Ouvrage, sera remis dans le même état où l'Approbation aura été donnée, ès mains de notre très-cher & féal Chevalier le sieur d'Aguesseau, Chancelier de France, Commandeur de nos Ordres ; & qu'il en sera ensuite remis deux Exemplaires dans notre Bibliotheque publique, un dans celle de notre Château du Louvre, & un dans celle de notre très-cher & féal Chevalier le Sieur d'Aguesseau, Chancelier de France, Commandeur de nos Ordres, le tout à peine de nullité des Présentes ; du contenu desquelles vous mandons & enjoignons de faire jouir l'Exposant ou ses ayans-cause, pleinement & paisiblement, sans souffrir qu'il leur soit fait aucun trouble ou empêchement ; voulons qu'à la copie desdites Présentes, qui sera imprimée tout au long, au commencement ou à la fin dudit Livre, foi soit ajoutée comme à l'original. Commandons au premier notre Huissier ou Sergent, de faire pour l'exécution d'icelles, tous actes requis & nécessaires, sans demander autre permission, & nonobstant clameur de haro, Chartre Normande & Lettres à ce contraires : CAR tel est notre plaisir. Donné à Paris le quatriéme jour de Septembre, l'an de grace mil sept cent trente-neuf, & de notre regne le vingt-cinquiéme. Par le Roi en son Conseil, SAINSON.

*Regiſtré ſur le Regiſtre X*e. *de la Chambre Royale des Libraires & Imprimeurs de Paris*, *N°.* 284. *fol.* 270. *conformément aux anciens Réglemens , confirmez par celui du* 28. *Février* 1723. *A Paris, le* 2. *Octobre* 1739.

LANGLOIS, *Syndic.*

Pag. 23 *ligne* 1. *liſez* leurs pores. *Page* 31. *ligne* 8. *liſez* ſa réflexion & ſa réfraction. *Pag.* 32. *ligne derniere* , *liſez* touché. *Pag.* 39. *ligne* 12. *liſez* dont. *Pag.* 41. *ligne* 17. *après ces mots* dans l'air , *ajoûtez* Et la Lumiere dans ce milieu moins réſiſtant , recevant à chaque inſtant une nouvelle impreſſion du fluide exterieur, ſuit la loi des corps tombans ; elle paſſe avec acceleration dans ce cryſtal, parce qu'elle y eſt portée par ſon propre mouvement & pouſſée par l'action du fluide impulſif toûjours redoublée. *Pag.* 44. *ligne* 7. devroient être *liſez* devroient y être.

www.ingramcontent.com/pod-product-compliance
Ingram Content Group UK Ltd.
Pitfield, Milton Keynes, MK11 3LW, UK
UKHW021134230726
13926UKWH00002B/798

9 782019 133498